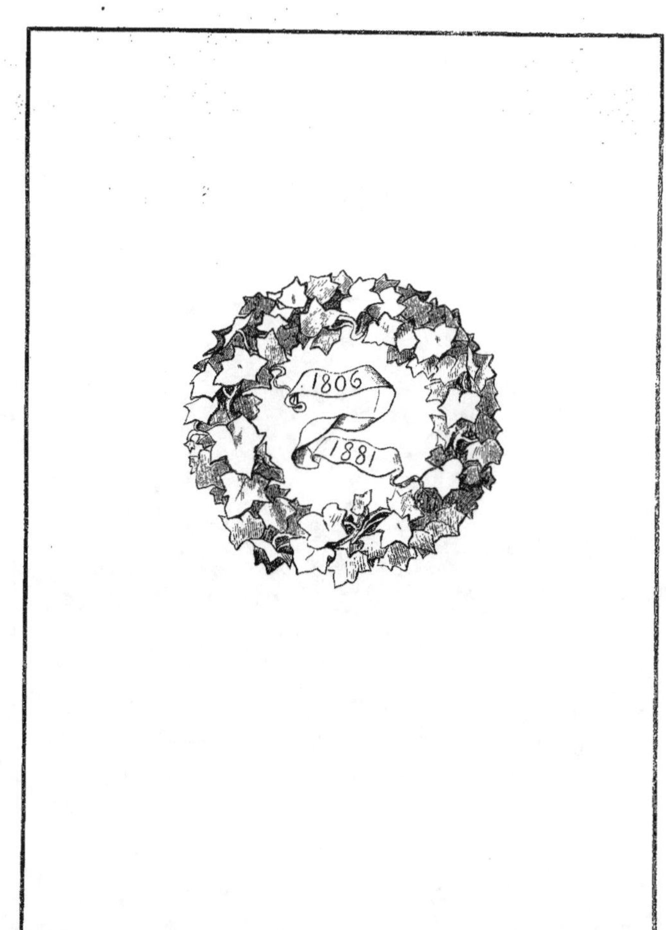

1806
1881

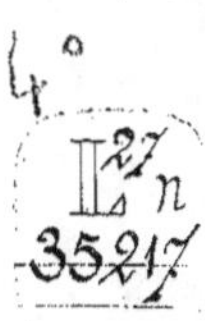

Ex Libris Germain

Dieppe le 16 août

On vous assure
qu'il y a une épidémie
de fièvre typhoïde au
Havre — qu'il y a de
nombreux cas — un jour
où je ne puis espérer
un très petit changement
dans ce temps, je crois
je pourrais écrire
au Havre — revenir
à Paris le Jeudi 22 —
[illisible]

Nous pouvons les
difficulté effacer des
difficultés aux heures au
moins de 4 heures pour
vont — Nous avons
plus simples de
retirer sur i Paris de
ils sont besoin pour un
dès pour une partie
vous heures — vous
absente des jours
le temps pour été
heureux jusqu'ici
aujourd'hui le — il place

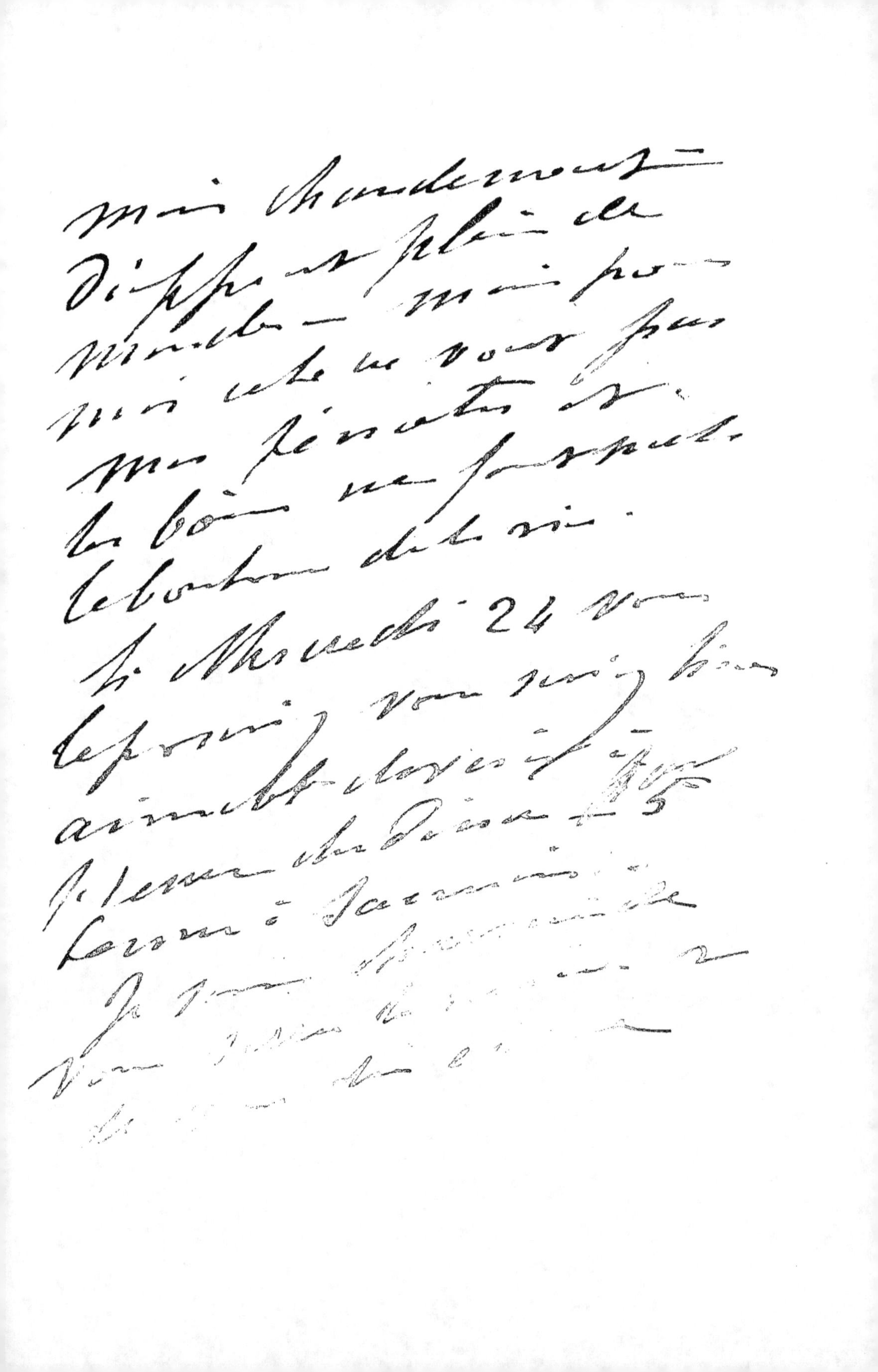

mais changement —
[illegible] — mais je
[illegible]
[illegible]
[illegible]

Le Mercredi 24 [illegible]
[illegible]
[illegible]
[illegible]
[illegible]

Combien j'aimerais
vous voir
Votre bien dévoué
[illegible]

Je [illegible]
[illegible]
[illegible]
[illegible]
[illegible]

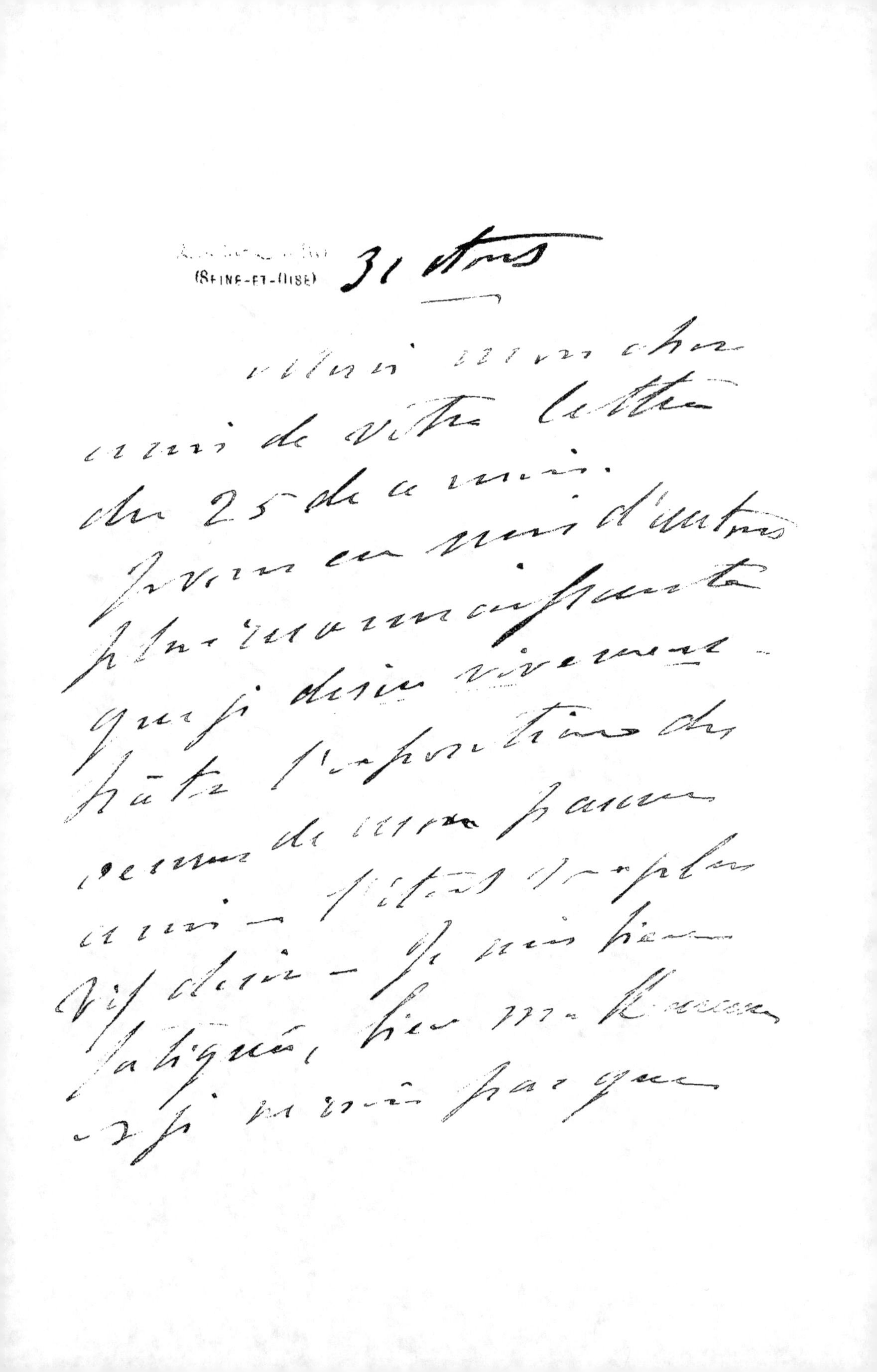

(SEINE-ET-OISE) 31 Mars

[lettre manuscrite, largement illisible]

1 Septembre

[illegible handwritten letter]

[illegible] à l'[illegible]

[illegible]

[illegible] à votre retour

Venez [illegible]

à Paris [illegible]

[illegible] l'amitié que je vous [illegible]

de monde — et [illegible]

[illegible]

[illegible]

Votre bien dévoué

[illegible]

EUGÈNE CARMOU

1806
1881

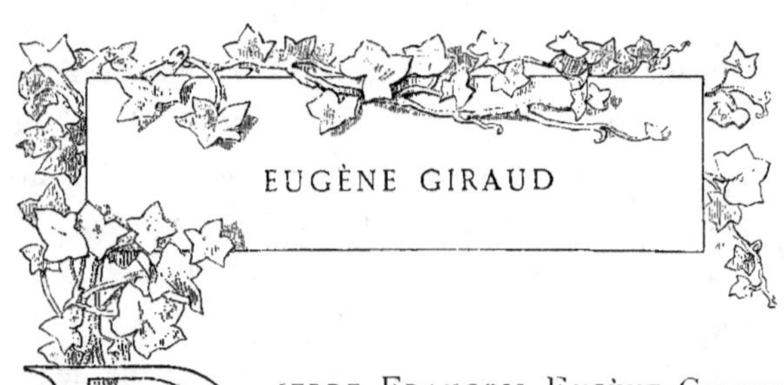

EUGÈNE GIRAUD

IERRE-FRANÇOIS-EUGÈNE GIRAUD naquit à Paris le 9 avril 1806. C'était donc, en 1813, un petit bambin de sept ans. Déjà ses parents songeaient à lui faire donner une bonne éducation, mais ils manquaient de ressources. Son père, brave et modeste officier d'infanterie, conçut l'espoir de lui obtenir une bourse dans un lycée. Un jour que l'Impératrice Marie-Louise devait assister à une solennité du Sénat, on revêtit le petit Eugène de ses plus beaux habits, et, lui ayant mis un placet entre les mains, son père, à la faveur de son uniforme, le conduisit jusqu'à l'entrée du palais du Luxembourg. Là, bien endoctriné, le petit bonhomme, déjà futé, ne se laissa pas distraire du but qu'il poursuivait, ni intimider par la vue de l'Impéra-

trice; mais, dès qu'il l'aperçut, il se faufila hardiment
dans son cortège, monta l'escalier derrière elle, si bien
que, parvenue sur la dernière marche, Marie-Louise
vit, tout près d'elle, ce petit blondin rougissant. Elle
lui demanda qui il était. Pour toute réponse l'enfant
lui tendit le placet. Elle le prit, le parcourut des yeux
rapidement, et, donnant au pétitionnaire une légère
tape sur la joue, elle lui dit : « Mon petit ami, il sera
fait droit à votre demande. »

Grande fut la joie de l'enfant d'avoir ainsi réussi
d'emblée. Il vint, tout courant, conter aux siens sa
bonne aventure, et, les voyant satisfaits, il le fut de
même. Hélas ! il ignorait le contenu de la requête, et
quand il dut quitter père et mère pour se diriger sur
le lycée d'Orléans, il ne se félicita plus autant de son
succès.

Voilà donc le petit bonhomme au lycée, où on
l'affubla, selon la mode du temps, d'un frac d'uniforme
en gros drap gris aux revers écarlates, d'une culotte
courte retenant mal des bas bleus, d'un immense
chapeau à cornes, tel qu'il s'est représenté, plus tard,
dans une suite de spirituelles aquarelles que je possède

et qui le montrent sous les divers costumes qu'il a portés jusqu'à son âge mûr.

Eugène Giraud demeura au lycée d'Orléans jusqu'à l'âge de quatorze ans. Il avait gardé de ce séjour un souvenir très net et nous racontait souvent ses espiègleries d'écolier. Il se souvenait d'avoir vu les grenadiers de la vieille garde traverser Orléans, pour s'aller faire tuer aux champs de Waterloo, et d'avoir partagé, tout petit qu'il était, l'enthousiasme de ses camarades plus âgés qui voulaient partir.

Il se rappelait aussi le sentiment d'humiliation que ressentirent tous les élèves, lorsque, au retour des Bourbons, la cloche monastique remplaça le tambour militaire pour les appeler aux exercices scolaires, et de soldats, qu'ils pensaient être, en faire une sorte de moines.

Eugène Giraud se montra au collège ce qu'il fut toujours, doux, facile à vivre, simple, gai, bon camarade. Il dessinait sans cesse, d'instinct croquait ses condisciples, ses maîtres même, couvrant ses cahiers, ses livres, les murs des salles de lazzis spirituels, où déjà se pouvait discerner un grand esprit d'observation.

Le nouveau régime, qui avait mis son père à la retraite, n'était rien moins que fait pour exciter un jeune homme pauvre et obscur à embrasser l'état militaire. D'ailleurs le goût d'Eugène Giraud pour les arts du dessin commençait à s'accuser avec force, à s'imposer impérieusement. Le vieux père hésitait à lancer son fils dans une carrière pleine de promesses comme aussi de déceptions. Les charges étaient lourdes dans l'humble maison, les ressources étaient bien légères. Eugène avait un frère plus jeune que lui de douze ans. Vaincu cependant par les sollicitations de son fils aîné, M. Giraud le mit dans l'atelier d'Hersent, peintre fort en vogue alors, afin qu'il y apprît à dessiner, et il obtint de M. Richomme qu'il l'admît parmi ses élèves, l'état de graveur étant considéré comme offrant moins d'incertitudes et donnant des résultats plus rapides, plus assurés que celui de peintre.

Le jeune homme s'appliqua si bien et mena ses études avec tant d'assiduité qu'il obtint en 1826 le grand prix de Rome au concours de gravure. L'obligation de se rendre en Italie n'existait pas pour les graveurs lauréats, dont la pension d'ailleurs n'était que d'une année. Giraud, se sentant indispensable aux siens, profita de cette exemption. Son père était fort âgé, les charges pesaient lourdement sur la famille. Le jeune graveur s'ingéniait de toutes façons à lui venir en aide. Il exécutait avec une facilité étonnante des portraits lestement enlevés, des dessins pour les éditeurs. Il ne reculait devant aucune fatigue pour faire entrer un peu d'argent dans la maison, et déjà il se préoccupait de l'éducation de son jeune frère. Cela ne l'empêchait pas de travailler sérieusement et avec fruit. Le prix de Rome lui avait imposé des obligations dont il s'acquitta, non sans ennui toutefois. Son esprit vif, sa vision rapide, sa main leste, sa verve prime-sautière s'accommodaient mal des procédés lents de la gravure, des soins minutieux qu'elle exige. Il songeait à l'abandonner pour se livrer entièrement à la peinture pour laquelle il se sentait né et qui l'attirait irrésistiblement. La crainte d'inquiéter son vieux père le retint. Il fit avec succès *l'envoi* qu'il devait à l'État ; c'est la gravure de *la Vierge* d'Andrea Solari, qui est au Louvre ; œuvre excellente indiquant un praticien déjà consommé. En 1832 M. Giraud mourut du choléra, entre les bras de ce fils qui lui prodigua les soins les plus touchants et les plus courageux, jusqu'à la dernière heure.

Son père mort, Eugène Giraud n'hésita plus; il prit un parti radical. Ainsi que certains conquérants, il brûla ses vaisseaux. Un beau jour il jeta au loin ses burins et ses pointes; brisant sa table de graveur, il se chauffa de ses débris. Puis, en homme résolu, malgré la pauvreté qui l'enserrait, pauvreté devenue plus dure par la cessation de la modique pension de son père, il entreprit sa nouvelle éducation de peintre. Des portraits au crayon le faisaient vivre tant bien que mal avec sa vieille mère et son jeune frère.

En 1833, abordant pour la première fois le Salon de peinture, il exposa cinq portraits dessinés, notamment celui de Jules Janin et celui d'Hérold. Sa dextérité surprenante, la prestesse de son exécution, la justesse de sa vue, l'eurent bientôt mis en vogue, et l'on parla de lui comme portraitiste. Alexandre Dumas, Théophile Gautier, Jules Janin furent ses parrains. Très versé dans la connaissance du costume, à l'époque où l'exactitude archéologique, longtemps négligée ou méconnue, com-

mençait à renaître, il intéressa les auteurs dramatiques
et les directeurs de théâtre, qui l'attirèrent et lui deman-
dèrent des croquis. On peut dire qu'il contribua pour
une forte part à la régénération de cet art qui, par
l'exactitude des détails et la justesse de la forme dans
les accessoires, donne un grand charme aux représentations scéniques. C'est par milliers qu'Eugène Giraud
produisit ces maquettes de costumes dont le plus
grand nombre sont des aquarelles précieuses qu'il
répandit entre toutes les mains, sans compter, n'ayant
jamais attendu pour tant de travail et d'heures dépen-
sées qu'un bon accueil, des places aux premières
représentations, ses entrées dans la salle ou sur la
scène. Son esprit tout parisien, sa bonne humeur, son
caractère liant l'y rendirent on ne peut plus sympa-
thique, indispensable même.

Dès 1834 il parut au Salon avec des portraits au
pastel, genre de peinture oublié qu'il devait un peu
plus tard remettre en honneur. Ce fut alors qu'il
entreprit son premier tableau à l'huile. Il avait pris
pour sujet une scène d'enrôlement au xviiie siècle. Ce
tableau, qui figura au Salon de 1835, fut acheté par

l'État. On peut le voir au musée de Nantes. Un début si heureux soutint son courage. Il crut devoir à son éducation d'artiste de visiter l'Italie, où il s'était privé de se rendre alors qu'il avait obtenu le grand prix de gravure. Il partit dans le courant de cette année 1835, voyageant à pied le plus souvent pour ménager ses faibles ressources, mais voyant d'autant mieux, s'appliquant à comprendre et à bien retenir. Il avait emmené avec lui son frère Charles, bien jeune encore et dont il fit l'artiste de talent que nous connaissons. On peut dire qu'il fut son père, et Jules Janin toucha juste quand il qualifia Charles Giraud, dans un de ses articles, d'*élève et fils de son frère*. Eugène revint fortifié dans sa passion pour la peinture, passion dominante de sa vie, qui le soutint au milieu des épreuves et fit de lui un véritable artiste, c'est-à-dire un homme de labeur, mettant son plaisir à travailler et son ambition à bien faire.

En 1836 il exposa son second tableau : *Marcel, prévôt des marchands,* sauvant de la fureur des Parisiens révoltés le dauphin Charles, duc de Normandie et régent de France, pendant la captivité du roi Jean.

Ce tableau, que Giraud ne put vendre à l'État, parce qu'il avait une apparence révolutionnaire, — que les temps sont changés ! — fut acquis par un Américain, et se perdit en mer, dans un naufrage.

Giraud avait épousé Mlle Henriette Laisné, qu'il connaissait depuis l'enfance. Il en eut deux fils : un premier qui mourut en bas âge, un second qui fut ce brillant Victor Giraud, artiste du plus bel avenir, moissonné en pleine fleur de sa jeunesse et de son talent, au mois de février 1871, par une maladie de poitrine qu'avaient exaspérée les fatigues du siège de Paris.

De 1836 à 1842, Giraud se signala par de nombreux tableaux et surtout par des portraits au pastel. Ce fut au Salon de 1839 qu'il exposa sa *Permission de dix heures*.

Qui ne connaît ces deux compositions spirituelles et un peu lestes, dont la vogue fut inouïe, que la gravure et la lithographie popularisèrent? On les imprima sur des foulards, on les traduisit en sucre, en chocolat; on les moula en plâtre, en carton-pâte; on les sculpta en bois; cela au grand déplaisir de l'auteur

qui se plaignait bien souvent d'en avoir été persécuté
à ce point que, pendant un voyage en Hongrie, il les
avait retrouvées en cuivre estampé, formant les patères
de sa chambre à coucher. Charles Giraud, son frère,
en visitant à Tahiti l'habitation de la reine Pomaré, les
vit représentées sur deux énormes plateaux de tôle,
qui faisaient le plus bel ornement d'un des salons
royaux! Dans un de ces tableaux, un soldat de la
vieille armée royale, l'habit blanc aux pattes et re-
troussis bleus, les hautes guêtres noires serrant les
jambes, le petit lampion crânement posé sur l'oreille,
indique, d'un air goguenard, un vaste champ de blé à
une sorte de Madelon Friquet ingénue qui s'appuie
sur son bras en marchant. Sur l'autre toile, cette
même grisette se suspend amoureusement au cou du
beau militaire, qui, cambré comme un coq dressé sur
ses ergots, jette, en frisant sa moustache, un regard
vainqueur sur les blés quelque peu foulés. Tout
l'esprit de Giraud est dans ces deux petits tableaux
peints et troussés avec une verve friponne et de bonne
humeur.

En 1842 la réputation de Giraud, comme peintre,

était solidement établie. L'heureux emploi qu'il avait
su faire du pastel avait remis en faveur cette manière
de peindre dans laquelle excellèrent plusieurs artistes
célèbres du xviiie siècle. De nombreux amateurs se
pressèrent dans le petit atelier de Giraud, qui résolut
de s'établir dans un quartier plus abordable. Il trouva,
pour la modique somme de 20,000 francs, sur les
terrains Beaujon, une maisonnette au milieu d'un
assez beau jardin.

Cette acquisition, payable par annuités, fut longtemps une lourde charge qui l'inquiéta pendant bien
des années. La peinture n'était pas lucrative alors
comme de nos jours, et il fallut beaucoup de labeur
pour rembourser cet immeuble dont la vente, longtemps plus tard, put constituer à Giraud une honnête
aisance.

Ayant eu la pensée, en 1847, de faire peindre mon
portrait au pastel, un ami de Giraud me proposa de
me le présenter. J'agréai la proposition et je posai
pour lui. Ce fut la première fois que je le vis. Je dois
le dire, l'impression qu'il me fit lui fut médiocrement
favorable. Ne se livrant qu'à bon escient, surtout à

des personnes d'un rang supérieur au sien, il faisait peu de frais pour les nouveaux venus. Il redoutait les obligations avec le cortège d'ennuis qu'entraînent les connaissances mondaines et qui s'arrangeaient mal avec l'indépendance de son humeur un peu sauvage, un peu bohème, disons-le, sur laquelle les grandeurs sociales ne faisaient que fort peu d'effet.

Je voudrais donner une idée exacte de sa personne au physique et au moral. Rien n'est plus difficile, tant elle abondait, sous l'un et l'autre aspect, en nuances et même en contradictions apparentes. Giraud était un type à part dans un type général qui a disparu. Il s'était placé volontairement dans un milieu où le convenu ne l'influençait pas. Sa taille, un peu au-dessus de la moyenne, était bien prise, comme celle d'un homme naturellement apte aux exercices du corps, et qui s'y était livré dans ses jeunes années. Sa tête, qui, dans un âge avancé, avait une certaine beauté, paraissait, quand je fis sa connaissance, assez bizarre. Ses cheveux épais et blonds tombaient en mèches touffues sur un front bas. Son nez long, mais bien fait, avançait sur une moustache d'un blond roux ombrageant les lèvres et dissimulant aux regards les plus attentifs une absence totale des dents, ce que l'on ne savait que par lui, car il en riait de bon cœur.

Il se les était arrachées une à une, pour passer le temps, disait-il, quand il s'ennuyait trop à la campagne chez de nobles clients dont il faisait le portrait ou auxquels il donnait des leçons de dessin. Cette absence des dents ne le gênait nullement, ses gencives ayant pris une extrême fermeté qui lui permettait de manger les substances les plus dures, digérées pour le mieux par le meilleur estomac du monde.

Il existe deux représentations de Giraud, qui, se complétant l'une l'autre, rendent sa physionomie : un portrait à mi-corps, de Baudry, et un buste de Carpeaux.

Il avait la démarche aisée, le pas ferme, ce qui lui donnait une apparence militaire à laquelle contribuaient le vêtement boutonné, le pantalon large, la coiffure légèrement inclinée sur l'oreille ; aussi l'appelait-on volontiers « mon général ». Si son allure tenait de celle du soldat, la raideur en était exclue, et un certain abandon voulu révélait l'artiste. Une santé particulière de l'esprit lui communiquait une gaieté relative sous laquelle un observateur attentif pouvait discerner une solide résignation, surtout vers les dernières années. Comme il était très fin, très apte à découvrir les ridicules physiques et moraux des gens, l'expression de son visage prenait parfois un je ne sais quoi de railleur, sans abandonner cependant un air de bonté parfaite. Philosophe à ses heures, il s'amusait des défauts d'autrui, mais jamais il ne se fit une arme contre le prochain de la pénétration de son jugement.

Au contraire, il couvrait tout de son extrême indulgence et n'avait d'indignation que contre la méchanceté, l'injustice et la lâcheté. Ce n'était point un causeur banal. Il fuyait avec soin l'ennui qu'il redoutait par-dessus tout, mais il adorait l'entretien des hommes instruits, les écoutait dire avec une attention soutenue et professait pour le savoir et le talent une admiration infinie. Les signes honorifiques, la position sociale élevée, la naissance, la fortune, les titres, tout ce qui n'est qu'extérieur, le laissaient absolument indifférent; mais avec sa pénétration il scrutait le dedans, et ce qu'il y trouvait lui donnait la mesure de l'estime qu'il

portait aux gens. Son indépendance lui faisait formu-
ler son jugement avec une équité parfaite, et son sens
critique lui révélait immédiatement l'âne sous la peau
du lion. Rien en lui n'était banal. Il était fort désin-
téressé et joignait à la fermeté de ses sentiments d'honneur la plus grande constance dans ses amitiés.

Tel était Giraud lorsque je fis sa connaissance, tel
il s'est montré toujours jusqu'à sa dernière heure. Ses
relations me furent bientôt précieuses, reposantes
même; je les cultivai soigneusement, et, peu à peu,
nous nous liâmes tellement qu'il me devint un ami
indispensable. Cette amitié sans nuages fut, pendant
trente-cinq ans, un des grands charmes de ma vie. Son
tact parfait, son sentiment délicat, son manque absolu
d'infatuation, permettaient à une jeune femme, — je
l'étais alors, — un certain abandon qui n'eut jamais le
moindre inconvénient.

J'aimais beaucoup la peinture; jeune fille, je m'y
étais livrée en Italie. Giraud reprit mon éducation et
m'enseigna son art par la meilleure des méthodes : il
peignait sous mes yeux. Deux fois par semaine il ve-
nait me donner leçon. La vivacité de son esprit, plein

de saillies, m'amusait. Nous causions, discutions toute
l'après-midi. Souvent il dînait avec moi et passait la
soirée dans mon salon où mes amis intimes étaient
heureux de le trouver. Là, au milieu d'un groupe
pressé autour de lui et suivant des yeux sa main ha-
bile, il dessinait, peignait à l'aquarelle, causant avec
le crayon ou le pinceau, comme nous eussions pu le
faire avec la parole, dans un langage plein de finesse et
d'originales nuances. Il portraitait ses amis, les cari-
caturait le plus souvent, toujours sans méchanceté et
jamais à leur insu. Ses charges amusaient, provo-
quaient le rire et la joie, mais elles ne blessaient pas.
Chacun voulait avoir la sienne; Giraud accédait aux
désirs de tous et ne ménageait pas sa peine. Son talent
était sans cesse à la disposition de ceux qui récla-
maient ses services. Toutefois il rejeta toujours les
propositions, même les plus avantageuses, que purent
lui faire les journaux. Il haïssait le scandale, se riait
des passions politiques auxquelles il demeura toujours
étranger. Il avait des amis de tout bord. Il ne leur
demandait que d'être gens d'honneur. En 1842, on lui
proposa de faire le portrait du comte de Chambord,

travail important et bien payé, fait pour lui concilier des appuis et lui procurer une riche clientèle. Giraud, vivant en dehors de toute politique, n'avait aucune raison pour décliner cette offre. Il l'accepta. Tout était préparé pour son départ, quand une personne du parti légitimiste, qui lui avait procuré la commande, vint chez lui pour les dernières recommandations et lui annonça la mort du duc d'Orléans en manifestant une telle satisfaction de la catastrophe, que Giraud, indigné, refusa de partir et de faire le portrait, qui était pour lui alors une source de fortune.

Il s'employait, sans compter, pour tous; réussir à faire le bien fut la seule récompense qu'il ambitionnât. Aussi fut-il aimé des grands et des petits.

L'habitation que Giraud avait acquise était située dans le haut de la rue des Écuries-d'Artois. C'était une maisonnette au milieu d'un jardin tenu à la diable, mais gagnant en pittoresque ce qui lui manquait en belle ordonnance. Le logis était peut-être plus mal ordonné encore que le jardin. La chambre à coucher était encombrée d'un grand lit portugais à colonnes, aux pentes fanées garnies de broderies usées et de franges effilochées. C'était le lit de Mme Giraud. Le mari couchait sur une chaise longue en fer, avec pro-longe. Il s'y trouvait à merveille. Le fils, installé pour la nuit dans un petit cabinet mitoyen, avait un lit dont la tête s'appuyait à la croisée et le pied à la cheminée. Une commode lui servait de table de nuit; elle était surchargée de livres, d'estampes, de ce qu'il faut pour dessiner. Si tard qu'il rentrât, Victor, une fois au lit, travaillait très avant dans la nuit et retraçait, en cro-quis d'une allure remarquable, tout ce qui, pendant la journée, avait frappé son œil observateur.

Giraud avait fait bâtir l'atelier formant aile avec la maison; c'était une construction légère, en pans de bois, sans fondations et au rez-de-chaussée. Cet atelier était rempli de vieux meubles sur lesquels la poussière mettait des tons gris que l'artiste ne détestait pas; l'araignée ne se faisait pas faute d'y tisser sa toile. Des tapisseries antiques, achetées, comme les meubles, avec discernement, en ce temps où le bric-à-brac ne trouvait encore que peu d'amateurs, couvraient les murs. Une armoire de Boule un peu boiteuse, calée par quelques bouquins, laissait apercevoir, derrière

ses vitres, des armes, des pièces dépareillées d'argen-
terie ancienne, de vieilles culottes du siècle passé,
et autres défroques pêle-mêle avec des plâtres. Sur
un large divan s'entassaient des étoffes orientales
toutes fanées, dans un désordre qu'on aurait perdu
son temps à réparer. Des sièges de toutes les paroisses,
au mur une quantité considérable d'études faites à
toutes les époques de la vie du peintre, dans tous les
pays qu'il avait parcourus, des bibelots de toutes
sortes rapportés d'Espagne, d'Italie, d'Algérie,
d'Égypte, constituaient le mobilier de cet atelier ro-
mantique. Giraud s'y trouvait plus heureux qu'un
roi. Il y travaillait du matin au soir. C'est de là que
sortirent tant de tableaux amusants : *les Crêpes, le
Colin-Maillard, le Coup de vent, la Boucle à l'œil,*
entre autres, tant et tant de portraits qui figurèrent
aux divers Salons, sans parler des innombrables et
spirituels dessins.

Je ne pénétrai guère dans cet intérieur qu'en 1848.
J'entrepris d'y mettre un peu d'ordre, mais ce fut en
vain. Si je parvenais à y faire entrer quelques meubles
confortables, je ne pouvais obtenir que les autres en

sortissent. Cette vie à la bohème plaisait à Giraud.
D'ailleurs il ne vivait chez lui que pour travailler et
dormir. Il n'y dînait jamais. Il déjeunait littéralement
sur le pouce, comme un voyageur pressé, debout,
allant et venant, ou sur le bord d'une table boiteuse,
en compagnie de son fils, servi par sa femme qui s'ac-
commodait de ces façons expéditives et n'avait pas
d'autre préoccupation que d'accabler ce fils des mar-
ques d'une sollicitude sans bornes. Le repas avalé,
père et fils se remettaient au travail, chacun de son
côté, jusqu'à la tombée de la nuit. Puis ils s'habillaient
et sortaient, ne rentrant jamais chez eux qu'après mi-
nuit, guettés par l'excellente femme, qui ne pouvait
reprendre son calme que lorsqu'elle tenait enfin son
fils sous son toit.

Si l'intérieur de Giraud était mal rangé, si son
costume de travail offrait aux yeux les plus étranges
effets, par suite de l'habitude qu'il avait prise d'es-
suyer ses brosses sur sa manche, hors de chez lui sa
mise était soignée et toute sa personne dénotait des
instincts aristocratiques contrastant avec le laisser-aller
de sa vie d'intérieur. Il avait des goûts d'élégance,

suivait les modes, aimait le luxe qu'il savait apprécier en connaisseur délicat et d'un goût sûr.

Giraud aimait les spectacles. Ses relations avec les directeurs et les artistes les lui ouvraient tous. On le voyait venir avec joie. Le personnel entier le connaissait. Il savait se rendre utile, donnait d'excellents conseils pratiques, surveillait le costume des acteurs, et, lorsqu'il y trouvait quelque chose de défectueux, il ajustait, coupait, épinglait adroitement.

Il ne fut point homme à bonnes fortunes. La fatuité lui était chose tout à fait étrangère et il n'eut jamais le temps de donner essor à d'autre passion que celle du travail. Au fond c'était un homme sage sous des apparences légères et gaies, un bon père et un bon mari. Même au temps de sa jeunesse et de son indépendance, il ne versa jamais dans les aventures. Il disait plaisamment qu'il s'était toujours trouvé trop laid pour avoir songé à inspirer un amour sérieux. La vérité, c'est qu'il prenait tout en riant et que la disposition de son esprit lui montrait le côté comique des choses. Il aimait mieux rire que soupirer, et l'appréhension d'ennuis ou d'embarras le retenait de s'enga-

ger dans ce qu'il considérait comme des impasses. Il
racontait volontiers et comiquement à ce propos,
comme exemple des dangers courus par les larrons
d'honneur, que, séduit par le minois gracieux de la
mère d'une de nos plus aimables comédiennes, qu'en-
couragé par son attitude, il devint pressant et allait
triompher, lorsqu'il entendit le mari faire bruyamment
son entrée dans l'appartement. Le frotteur avait heu-
reusement laissé dans un coin ses ustensiles. Pousser
la femme dans la pièce voisine, mettre habit bas, sai-
sir le bâton à cirer, chausser la brosse et frotter le
parquet avec énergie, ce fut l'affaire d'un instant. Le
mari entre-bâilla la porte, et, satisfait, la referma. Le
galant put s'enfuir, jurant qu'on ne l'y reprendrait
plus. C'est ainsi, ajoutait-il, que je faillis être le père
de la charmante C., mais je fus guéri des amours de
famille. En effet, ses amours, qu'il pouvait conter, car
le récit ne compromettait personne, étaient des tissus
de gaietés; la curiosité d'œil et d'esprit, la gaminerie
parisienne en faisaient le fond. Il avait, à ce propos,
une histoire de jeunesse qu'il narrait avec des réti-
cences plaisantes et une façon de dire qui lui apparte-

nait en propre. C'était la rencontre d'une petite grisette
dont les pieds trop grands ne lui étaient pas sortis de
la mémoire. Les accords furent instantanés, sur le
quai des Grands-Augustins, à la pointe du jour, par le
brouillard. Comme il cherchait un nid pour ses
amours, il avisa la guérite du palais de l'Institut. Elle
était vide, le factionnaire était perdu dans la brume
épaisse, les amants s'y installèrent. Bientôt le factionnaire, trouvant l'atmosphère un peu fraîche, voulut
se mettre à l'abri. Entendant jaser et rire dans sa
guérite, il ouvrit tout doucement le guichet latéral et,
apercevant ces deux jeunes gens si bien d'accord, il
leur dit d'un ton paternel : « Ne vous dérangez pas,
mes petits paroissiens, faites comme chez vous. » Puis
fermant le guichet, le bon soldat reprit sa promenade
en plein air. Voilà un spécimen des folles amours de
Giraud.

Lorsque je fis sa connaissance, il avait passé qua-
rante ans, ses passions étaient fort éteintes, ce dont il
se félicitait fort. Il me disait, moitié sérieux, moitié
riant, que je lui tenais lieu de tout. J'avais fait accom-
moder, rue de Courcelles, dans les combles de mon

hôtel, un petit atelier, où il vint travailler de temps en temps, puis fréquemment, puis tous les jours, échappant ainsi aux importuns qui l'assaillaient chez lui et qu'il ne savait pas éconduire. On connaissait l'amitié que je portais à Giraud, il eut naturellement des clients et des solliciteurs en grand nombre. Pendant quinze ans que Giraud vint travailler chez moi, presque quotidiennement il ne cessa de plaider la cause des malheureux. Je lui dus le bonheur de soulager bien des misères, de tendre une main secourable à bien des infortunes, de sauver bien des désespérés. S'il ne cessa de m'implorer pour autrui, jamais il ne me demanda rien pour lui ; mais il me donna largement en me faisant jouir d'une intimité qui fut un des plus grands plaisirs de ma vie. Nous nous connaissions bien l'un l'autre. A force de nous communiquer nos impressions, nous nous comprenions d'un regard. Que de fois, dans le monde, en présence d'un fait, en entendant une opinion, un mot, nos yeux se rencontraient, et un imperceptible sourire nous disait l'identité de notre impression. Dans la position que j'occupais, c'était une bien précieuse chose qu'un tel ami, si loyal,

si ferme, qui comprenait mes joies et mes douleurs.
Je dois, certes, à son influence bienfaisante d'être demeurée simple et vraie, d'avoir traversé les vingt
années de l'Empire en gardant mon indépendance de
cœur, d'idées, de sentiments, en trouvant dans le travail un fortifiant qui manque trop souvent aux personnes de ma condition.

Que de fois, dans ce petit atelier où ne pénétraient
que des amis sûrs, travaillant tous deux dans l'atmosphère chauffée par notre petit poêle, nous nous disions
qu'au dehors on me croyait sans doute occupée d'in-
trigues de cour ou de politique, tandis que nos heures
se déroulaient en causeries sur les arts, en apprécia-
tions familières des hommes et des choses. C'était en
ces moments-là surtout qu'il m'intéressait à ses amis.
Je n'ai jamais connu de meilleur camarade. La jalou-
sie ne ternit jamais son cœur, et s'il distinguait parmi
les artistes quelque individualité supérieure, il me disait gentiment : « Il faut qu'il devienne un ami de la
maison. »

L'Empereur l'avait connu chez moi. Il avait du
goût pour lui. Il appréciait son talent facile et tou-

jours prêt. Il lui avait vu faire le portrait du Prince
Impérial, petit poupon de deux ou trois mois, dont
Giraud avait saisi fort habilement la ressemblance. Il
possédait le beau pastel qui me représente de profil,
seul portrait de moi, avec la petite tête peinte par
Hébert, qui me ressemble et ne soit pas une calomnie.
Un jour l'Empereur parla d'une mise en scène à
l'Opéra dont il avait été frappé, ainsi que de la beauté
des costumes. Le lendemain Giraud, installé dans un
fauteuil d'orchestre, regardait avec des yeux attentifs
les acteurs et leurs ajustements. Toute la nuit et le
jour suivant il faisait, — grâce à ce don de mémoire
qui tenait en lui du prodige, — autant d'aquarelles où
il réunissait la fidélité des costumes et la ressemblance des personnes. L'Empereur trouvait ce curieux
album sur sa table quarante-huit heures après avoir
parlé. Un courtisan eût eu beau jeu avec un pareil
procédé. Mais Giraud n'était rien moins que courtisan.

Cette merveilleuse facilité à traduire par un faire
aisé et rapide l'aspect des gens se montra bien dans
cette étonnante collection de charges qu'il exécuta aux

soirées du Louvre. Là il choisissait son sujet, et, deux heures après, il avait terminé un vrai chef-d'œuvre de ressemblance.

On retrouvait dans sa charge, toujours aimable, non seulement le physique mais le moral des individus, qui, presque tous, étaient des personnalités marquantes de la politique, de l'armée, des sciences, des lettres et des arts. Cette collection demeurera comme un monument des plus précieux d'un temps déjà loin de nous. Une de ces charges, celle de Sainte-Beuve, donna lieu à un incident assez comique. Comme on avait prié l'illustre académicien, qui n'était pas la beauté même, de vouloir bien poser, il insista pour qu'on remît la séance à huit jours de là, prétendant avoir absolument besoin d'une préparation. Et, comme on insistait, il finit par avouer qu'il devait subir un petit traitement hydraulique bien connu de M. de Pourceaugnac, afin d'avoir le teint frais. Cela sérieusement, tant il y a de contrastes même dans les esprits supérieurs. Giraud ne manqua pas, lorsque Sainte-Beuve, ainsi *préparé,* posa devant lui, de le représenter avec un teint de lis et de rose.

Un trait du caractère de Giraud c'est qu'il avait
l'humeur nomade. Il adorait les voyages. Il disait que
s'il n'eût pas été marié, il ne se fût fixé nulle part, et
se fût arrêté à son gré pour repartir à sa fantaisie.
C'était vrai. Son rêve était de tout porter avec lui, de
ne rien laisser en arrière. Il visita l'Égypte, vit
Constantinople et Athènes, parcourut l'Angleterre,
l'Italie, la Hongrie, la Suisse, l'Allemagne, l'Algérie,
l'Espagne où, notamment, il fit un long voyage
qu'Alexandre Dumas a conté. Il saisit avec empres-
sement toute occasion de voir du pays. Au retour, il
avouait qu'il avait à subir quelques jours de spleen,
quelque chose comme une douleur d'oiseau remis en
cage, malgré le plaisir réel qu'il ressentait à se trouver
avec sa femme, son fils, son frère, moi et ses nombreux amis. Je crois que l'inconfortabilité de son
intérieur lui était pénible, sans qu'il se l'avouât à lui
même, et, quand il était errant, ce besoin secret de
bien-être ne s'imposait plus à lui. Au fond il eût aimé
un intérieur rangé, ordonné, et sa femme, excellente,
dévouée, qu'il aimait tendrement et avec raison, ne
savait pas le lui procurer. Mais, généreux et bon, il

n'aurait pour rien au monde consenti à l'affliger, et je suis certain qu'il affectait de ne pas y tenir, pour n'avoir pas à se plaindre d'en être privé.

Quant à moi, je n'ai pas à regretter cette lacune dans sa vie de famille, bien au contraire; je suis persuadée qu'elle a poussé davantage dans mon intimité un homme qui possédait toutes les qualités d'un ami sûr, et dont le talent, l'esprit, le caractère d'un tour tout particulier firent un type rare, original et éminemment distrayant.

Il aimait singulièrement son fils, il en était fier. Victor Giraud était un grand et beau garçon, plein de talent, que des succès de bon aloi avaient signalé tout jeune à l'attention publique. Il eût été, certainement, un de nos premiers peintres. Il vivait, avec son père, sur le pied d'une camaraderie parfaite, que ce dernier tempérait par une sollicitude constante, dissimulée le plus possible. Tous deux s'entendaient sur toutes choses, se communiquaient leurs moindres pensées, se conseillaient mutuellement dans leur art avec indépendance, se jugeant sans faiblesse et sans parti pris. Très sévères pour eux-mêmes, ils étaient

indulgents pour autrui. Ils connaissaient trop les difficultés de leur métier pour juger légèrement un bon
travailleur et le condamner sans appel, comme nous
voyons faire à chaque instant par des juges moins
compétents. Grands abatteurs de besogne pendant le
jour, ils devenaient, le soir, des Parisiens flâneurs, et
on ne les voyait jamais qu'ensemble.

Cette vie heureuse dura jusqu'en 1867. Victor res-
sentit cette année, pour la première fois, les atteintes
de la maladie de poitrine qui devait l'emporter quatre
ans plus tard. Des craintes trop fondées vinrent assail-
lir le pauvre père, qui de temps en temps emmenait
son fils dans le Midi. Quant au jeune homme il se fit
immédiatement peu d'illusions ; mais si les pressen-
timents les plus funestes venaient leur serrer le cœur
à l'un et à l'autre, ils avaient, tous deux, un tel besoin
de distraction et une telle facilité de s'y adonner,
qu'ils n'eurent pas le loisir de trop s'attrister. Je suis,
du reste, convaincue que, sans l'horrible hiver
de 1870, sans les fatigues du siège, Victor eût encore
pu vivre longtemps. Lorsqu'au 4 septembre de cette
année néfaste je fus contrainte de m'éloigner de Paris,

et même de quitter la France, je fis tout pour déter-
miner Victor à me suivre, et, voyant qu'il mettait son
honneur à rester, je fis tout pour engager le père à
demeurer auprès du fils ; mais je ne pus les vaincre
ni l'un ni l'autre, et chacun, soutenu par l'autre,
accomplit ce qu'il considérait comme son devoir. Ils
se montrèrent là des amis bien forts, bien dévoués,
sans hésitation sur le moment, sans regret dans la
suite, ce qui est plus rare.

Pendant le dur exil, dont les souffrances me furent
adoucies par les dévouements qui m'entourèrent, nous
eûmes de temps à autre des nouvelles de Victor et de
sa mère, sans pouvoir leur faire parvenir des nôtres.

L'armistice conclu, comme j'engageais Giraud à
les aller embrasser, je reçus, un matin, une dépêche
par laquelle on le mandait auprès de son fils mou-
rant. Il fallut les précautions infinies d'un ami dévoué
pour annoncer au malheureux père une partie de
cette nouvelle, pour l'emmener à Paris et soutenir
son courage pendant le trajet. Giraud arriva juste à
temps pour recueillir le dernier soupir de son fils.

Lorsque je le vis, après un mois d'absence, je fus

surprise de l'énergie avec laquelle il supportait un pareil malheur que je croyais fait pour le tuer. C'est que cet homme tendre et sensible était un stoïque qui préférait enfermer en lui sa douleur que de la trahir au dehors. Et puis le malheureux homme, très clairvoyant, avait vécu dans la pensée secrète qu'on ne sauverait pas son fils, et qu'il était fatalement condamné. La résignation est le secret des grands courages. Giraud faisait peu de compte de la vie, si elle n'était pas exempte de la douleur ; il disait que mourir n'était rien, que souffrir était tout, et qu'être frappé d'un trait, sans maladie, sans décadence, se devait envier comme un privilège. Dieu l'a exaucé. Il n'en fut pas de même pour sa pauvre femme, qu'il vit s'éteindre de jour en jour, la raison brisée du même coup qui emporta son fils.

En 1875 Giraud vendit la maison dans laquelle il avait passé la plus belle et la plus heureuse période de sa vie, et ressenti les plus poignantes douleurs qui pussent atteindre un cœur tel que le sien. Il trouva quelques distractions à se faire une installation de son goût. Là, ce fut encore au travail qu'il demanda de

l'adoucissement à ses peines. Il s'y livra avec la même
ardeur que dans sa jeunesse, produisant avec la même
facilité, la même abondance, signes d'une vitalité
admirable, tenant compte des tendances nouvelles, y
sacrifiant dans la mesure que lui dictait sa raison,
s'efforçant de mettre dans ses œuvres les qualités qu'il
reconnaissait et applaudissait chez les peintres de la
jeune école, marque d'une intelligence demeurée souple
jusqu'au bout.

Depuis la mort de son fils il devint sédentaire, ne
voyant plus que quelques intimes des anciens jours,
n'allant plus guère que chez moi, dont il demeura
l'ami familier et fidèle.

Le 29 décembre 1881, il fut frappé comme il avait
toujours souhaité de l'être, sain de corps et d'esprit,
le sourire aux lèvres. Sa palette était préparée, son
modèle — jeune fille qu'il amusait de ses plaisante-
ries — était là. Celle-ci le regardait fumer sa pipe,
préliminaire obligé de tout travail chez lui. Le voyant
changer de visage, elle dit à un ami qui, le dos tourné,
peignait auprès : « Ah bon ! voilà M. Giraud qui me
fait la grimace ! » L'ami se retourne, hélas ! cette gri-

mace était celle de la mort, peut-être celle que Giraud faisait à la vie qu'il quittait résigné sans appréhension de l'au delà. Au cri poussé, son frère Charles se précipite de la pièce voisine, et le reçoit mort dans ses bras.

Une demi-heure après, j'étais dans la chambre mortuaire, désolée. Le visage de ce parfait homme de bien était calme et serein, il ne présentait aucune trace de souffrance et le passage de soixante-quinze ans n'avait pas effacé de ses traits cette apparence d'indestructible jeunesse qu'il devait à un tempérament exceptionnellement équilibré, à un esprit et à un cœur que l'âge n'avait pu glacer.

On est à plaindre quand on perd un ami tel que lui, on y pense toujours, c'est un soulagement que d'en parler. En résumé, Giraud a rencontré au début de sa longue existence bien remplie les difficultés matérielles de la vie, il a eu à compter avec les responsabilités de la famille. Il s'est formé tout seul, s'est élevé lui-même. Sa bonté, son esprit naturel lui ont tracé le droit chemin, dont il ne s'est jamais écarté, qu'il a parcouru vaillamment sans qu'on ait pu aper-

cevoir les efforts qu'en mainte occasion il a dû faire
pour éviter le mal et les embûches des méchants. Il
était simple, honnête, clairvoyant. L'expérience de la
vie, loin de déformer cette nature d'élite, l'a perfec-
tionnée, en fortifiant son caractère, en même temps
qu'elle le fit indulgent pour autrui. Homme de bien,
il eut un cœur dévoué, une intelligence remarquable.
Il a laissé un souvenir dont peuvent être fiers les
survivants de son nom, comme d'un héritage qui
est l'honneur d'une famille.

M.

Juillet 1884.